Política e antipolítica

Leonardo Avritzer

Política e antipolítica

A crise do governo Bolsonaro

todavia

Nossos concidadãos [...] *apenas se esqueciam de ser modestos e pensavam que tudo ainda era possível para eles, o que pressupunha que os flagelos eram impossíveis. Continuavam a fazer negócios, preparavam viagens e tinham opiniões.*

Albert Camus, *A peste*

Introdução

Jair Bolsonaro passou a maior parte da sua vida política fazendo discursos contra a esquerda no Congresso Nacional. Agrediu políticos como a ex-ministra Maria do Rosário e ameaçou de morte um ex-presidente, Fernando Henrique Cardoso. Não se tem notícia de que Jair Bolsonaro tenha iniciado qualquer atividade ou projeto de expressão no Congresso Nacional nos seus 28 anos como deputado federal, a não ser a coautoria de um projeto de lei que propunha a legalização da fosfoetanolamina, conhecida como a pílula do câncer. Tudo parecia indicar que Jair Bolsonaro era um político irrelevante e assim continuaria. Mas a história nos reservava uma surpresa.

Bolsonaro passou de político marginal ao centro da política brasileira em dois momentos fundamentais. O primeiro foi o impeachment da ex-presidente Dilma Rousseff. No dia 17 de abril de 2016, durante a votação em sessão conjunta do Congresso, o então deputado declarou voto da seguinte forma: "Pela memória do coronel Carlos Alberto Brilhante Ustra, o pavor de Dilma Rousseff, pelo Exército de Caxias, pelas Forças Armadas, pelo Brasil acima de tudo e por Deus acima de todos, o meu voto é sim". Com esse voto, Bolsonaro se habilitou a líder da direita brasileira, especialmente dos seus setores militares, que vinham se reorganizando desde 2015.

O segundo momento foi o atentado em Juiz de Fora, Minas Gerais, no início do processo eleitoral. No dia 6 de setembro de 2018, um desempregado, revoltado com a crise brasileira e com o discurso intolerante do então segundo colocado nas pesquisas, deu uma facada no candidato. O atentado levou o militar reformado à liderança nas pesquisas: obteve mais de 46% dos votos no primeiro turno e 55% dos votos no segundo. Jair Bolsonaro tornou-se presidente sem ter apresentado um programa e sem ter debatido com os outros candidatos.

Ele chegou à presidência não como líder político, mas como alguém disposto a destruir políticas e políticos. Durante o primeiro ano de governo, foi em ministérios-chave como Educação, Meio Ambiente e Direitos Humanos que essa concepção se expressou melhor. Seus ministros foram nomeados devido à capacidade de tensionar com a respectiva área. Alguns exemplos: o controle de queimadas na Amazônia, cuidadosa e diligentemente elaborado pelos governos anteriores, foi simplesmente desmontado, assim como a gestão da pós-graduação pela Coordenação de Aperfeiçoamento de Pessoal de Nível Superior, a Capes. Não são políticas menores. Pelo contrário, ambas constituíam áreas nas quais o Brasil conseguiu oferecer respostas positivas às fortes deficiências que tinha. Há — ou pelo menos havia, até o início de 2020 — uma lógica nessa loucura. A lógica era a seguinte: essas políticas não eram necessárias ao país ou não interessavam à base política do capitão.

Jair Bolsonaro, o político, construiu uma rede formidável de ataque aos seus adversários nas redes sociais, primeiro enquanto candidato e depois enquanto presidente. A base bolsonarista na internet é (ou foi) constituída por três grupos principais: um grupo que remete diretamente ao presidente e aos seus filhos, apelidado de "gabinete do ódio", que deslancha processos de ratificação acrítica das posições do clã. O segundo é uma vasta rede de sites e perfis de direita um pouco mais moderada que incluíram no passado movimentos como o MBL, o Vem pra Rua e sites como O Antagonista, que amplificavam a defesa das posições do presidente para além das redes bolsonaristas. Por último, Bolsonaro foi apoiado por um conjunto de pessoas com destaque nas redes sociais: de empresários influentes, como os donos da Havan e da Riachuelo, até um círculo diversificado de artistas e personalidades públicas. Nesses dois últimos círculos, Bolsonaro vem perdendo apoio desde o início de abril de 2020, agravando uma crise cujos efeitos são ainda difíceis de mensurar.

A crise do bolsonarismo em 2020 tem diversas frentes: em primeiro lugar, a segurança pública. O fato de ter incentivado greves de policiais militares em alguns estados, como o Ceará, lançou dúvidas entre seus próprios apoiadores acerca da irresponsabilidade do presidente. A crise na segurança pública abalou Bolsonaro, mas em escala infinitamente menor que a crise do coronavírus.

Ao lado de sua fúria infecciosa, o coronavírus trouxe uma atenção renovada à ciência. O bolsonarismo se situa em um campo anticientífico mais acentuado que o trumpismo e outras propostas políticas de extrema direita. Mas logo teve de enfrentar uma aliança entre imprensa, cientistas, governadores e organizações internacionais como a Organização Mundial da Saúde (OMS). Ao contrário do que vinha ocorrendo no Brasil desde 2018, essa coalizão tornou-se majoritária durante a pandemia. Devido à forma como o então ministro da Saúde, Luiz Henrique Mandetta, se articulou com governadores e implantou a estratégia de combate ao vírus preconizada pela OMS, o bolsonarismo apareceu cindido desde o primeiro momento da crise.

O capitão resolveu lançar todas as fichas na negação da pandemia. Bolsonaro entrou em rota de colisão com os governadores, com o STF, com o ministro da Saúde e com uma parte significativa do seu ministério. Pela primeira vez desde 2018, porém, ele não conseguiu tornar hegemônica a sua concepção de antigovernabilidade e antipolítica. Diante do fracasso, resolveu dobrar a aposta: passou a radicalizá-la, tornando-a uma estratégia pública antivida. Essa estratégia envolveu ir à manifestação contra o Congresso e o STF no dia 15 de março de 2020, visitar pequenos comerciantes nas cidades-satélite no dia 29 de março, circular por Brasília na Semana Santa e passear de jet ski no dia em que o país registrava a marca de 10 mil mortos pelo vírus. Na verdade, Bolsonaro participou de mais de uma aglomeração por semana desde o dia 15 de março até meados de maio, quando o Brasil já contava com 20 mil mortos. As atitudes do presidente tornaram insustentável a permanência do ministro da Saúde, Luiz Henrique Mandetta. Mas sua demissão, em 16 de abril, era só o capítulo inicial de uma crise que viria a se aprofundar.

Os pronunciamentos de Bolsonaro tornaram a associação entre ruas, mídias sociais e TV, da qual ele tanto se beneficiou, o calcanhar de aquiles da sua estratégia política. Surgiu, nesse momento, a política do panelaço, que no último dia de maio alcançou as ruas com manifestações de torcidas organizadas pela democracia. A estratégia de reação às ações do presidente foi se ampliando nas grandes capitais e cidades de porte médio no Brasil.

As estratégias de radicalização e reivindicação de lealdade absoluta não acabaram com a demissão de Mandetta do Ministério da Saúde. Elas também alcançaram Sérgio Moro. O ex-juiz assumiu o Ministério da Justiça com uma função bastante clara: atestar a relação entre bolsonarismo e ética. Mas, como era de imaginar, a missão tornou-se impossível. O governo Bolsonaro é recheado de escândalos que antecedem a posse do presidente e se multiplicaram depois dela, envolvendo os seus filhos tanto em rachadinhas quanto em escândalos de fake news. Passar seguidos atestados falsos de honestidade para Bolsonaro e seus filhos punha em risco sua biografia no campo do lavajatismo. Do mesmo modo, a partir do momento em que investigações da polícia do Rio e da Polícia Federal se aproximaram dos filhos do capitão, ficou em risco o prestígio do ex-juiz nas corporações policiais, militares e togadas. O conflito acentua a crise sobretudo devido às possibilidades de judicialização das denúncias feitas por Moro, mas também pela volta de estratégias amplas de desgaste nas quais o ex-juiz é especialista. A pergunta que sobra, e que procuraremos responder ao longo do livro, é: qual o futuro do bolsonarismo, se é que ele tem algum?

A primeira saída situa-se em uma solução militar com o capitão na liderança. Incomodam ao presidente as estruturas de pesos e contrapesos que emergiram a partir das revoluções francesa e americana e com as quais as democracias modernas operam. Ele tem saudades de uma estrutura de poder à la *ancien régime*. Para os que tinham dúvida sobre isso, ele se encarregou de dissipá-la ao anunciar: “Eu sou a Constituição”.

Mas para que o presidente seja capaz de pessoalizar o poder será preciso aumentar o seu apoio entre os militares, assim como o poder dos militares sobre a sociedade. A essa solução a ciência política denomina “cesarismo”. Trata-se de conceito cunhado no século XIX para analisar situações nas quais o poder político esteve em forte impasse ou, nas palavras de Gramsci, em “uma situação de equilíbrio político catastrófico”, que talvez sirva para caracterizar o Brasil da crise do coronavírus. O conceito descreve a situação em que um líder militar ou a própria corporação tenta intervir no corpo político para impor interesses gerais e reorganizar o Estado. Napoleão Bonaparte foi dos primeiros a realizar essa operação. No começo do século XX, Max Weber mostrou a importância do cesarismo em situações de conflito entre uma democracia plebiscitária e burocracias técnicas.

Foi nessa situação que emergiram generais cuja atuação apontou para a possibilidade de um desfecho cesarista: Walter Braga Netto, na Casa Civil, e Luiz Eduardo Ramos, na Secretaria de Governo, além do general Augusto Heleno, no Gabinete de Segurança Institucional, e do ministro da Defesa, Fernando Azevedo. Durante o mês de abril, esses generais tentaram uma mediação entre Bolsonaro e Mandetta. Naquele momento, Braga Netto e Ramos pareceram ter a capacidade de conter o presidente e pactuar apoio a ele entre a alta oficialidade. O presidente prevaleceu ao demitir seu ministro dias depois, indicando o limite dessa saída naquele momento, mas ao mesmo tempo ficou claro que ele não tem carta branca dos militares. Em duas oportunidades, o ministro da Defesa manifestou-se pelo respeito à Constituição, colocando limites a falas irresponsáveis do presidente. Esses episódios indicam que uma das saídas é deter Bolsonaro pela via de uma intervenção militar informal e de cima para baixo. Resta saber até que ponto interessa aos militares, que saíram pouco arranhados da experiência autoritária, entrar no olho do furacão por um ex-militar que representa mal a corporação, seja por causa de suas ações irresponsáveis, seja pela maneira como opera guerras ideológicas que os próprios militares consideram ultrapassadas. Discutiremos essa questão ao final do livro. É a resposta a ela que irá determinar a capacidade do ex-capitão de continuar na presidência e concentrar poder.

Outra solução que surge no horizonte é uma saída política ao centro. Sabemos que o centro se esfacelou entre 2016 e 2018. Com o fracasso do governo Temer e a comprovação do envolvimento de partidos como o PSDB, o PP e o DEM em escândalos de corrupção, a população se voltou a um candidato da direita radical. Foi a partir daí que Jair Bolsonaro começou a se viabilizar politicamente, canalizando uma imagem, naturalmente falsa, de honestidade. Bolsonaro nunca foi procurado pela Odebrecht pelo simples motivo de não ter qualquer centralidade no Congresso Nacional: foi sua irrelevância política até 2016 que fez com que ficasse de fora do esquema. Ele tinha os seus esquemas de desvios de recursos públicos, hoje amplamente conhecidos, como as "rachadinhas" de gabinete e o superfaturamento de despesas. Ainda assim, foi beneficiado eleitoralmente pela desintegração do centro, cuja recomposição foi lenta até o advento da pandemia.

A relação de Jair Bolsonaro não é boa com nenhum partido, mas a crise do coronavírus piorou essa configuração. Se é correto afirmar que, desde o ano de 2019, o DEM viu crescer seu poder na política brasileira, pois detinha a presidência da Câmara, até o início da crise ele não tinha nenhuma capacidade de desafiar abertamente o presidente. No primeiro ano do governo Bolsonaro, não houve fortalecimento dos ministros ligados ao Democratas. Pelo contrário, o ministro com mais visibilidade do partido, Onyx Lorenzoni, foi humilhado por Bolsonaro diversas vezes até que foi removido da Casa Civil. Com o início da crise do coronavírus, essa configuração mudou devido ao aumento da popularidade do ex-ministro Mandetta. Na pesquisa Datafolha de 3 de abril de 2020, a aprovação do ministro da Saúde alcançou 76%. Assim, apresenta-se uma alternativa política de centro ao bolsonarismo que, aliada à influência dos presidentes da Câmara, Rodrigo Maia, e do Senado, David Alcolumbre, coloca o DEM no centro da conjuntura e ameaça a continuidade do mandato de Jair Bolsonaro. Ainda assim, o DEM sozinho não tem força para deter o bolsonarismo no Congresso e teria que contar com outras forças políticas ou com a forte contenção do presidente no STF, que pode desgastá-lo ainda mais que derrotas políticas. Isso significa que o destino de Jair Bolsonaro está selado?

O bolsonarismo é expressão de mudanças muito profundas na política e na organização de poder na sociedade brasileira. Seu final ou colapso não ocorrerá subitamente. Por outro lado, pela primeira vez desde 2014, temos elementos de recuperação de práticas democráticas. A compreensão desses elementos é decisiva para que a crise produza a recuperação de uma cultura da qual o país pareceu abdicar a partir da Lava Jato e da ascensão do bolsonarismo.

ATO I

Coronavírus, sistema de saúde e crise política

A construção democrática que levou à Constituição de 1988 entrou em colapso entre 2014 e 2018. A Constituição de 1988 teve como pilares três pressupostos: a superação do autoritarismo do período militar via um sistema amplo e democrático de participação, organização partidária e eleições; a ampliação de direitos, principalmente os políticos e os sociais; e a aceitação de uma estrutura ampla de divisão entre os poderes, com protagonismo do poder Judiciário, como forma de reforçar o governo democrático. Com base na ideia de resgate da dívida social, o legislador constituinte instituiu mecanismos de proteção social via sistemas públicos de assistência e de saúde. Daí nasceu o Sistema Único de Saúde (SUS). Mas foi apenas no governo FHC, quando Adib Jatene foi ministro da Saúde, que a questão do financiamento começou a ser resolvida. No início dos anos 1990, firma-se, assim, o primeiro pilar da estrutura de proteção social do Estado brasileiro com a aprovação da Contribuição Provisória sobre Movimentação Financeira (CPMF). Em média 3% do PIB se destinou à saúde ao longo dos governos da década de 1990. Na década passada, durante o governo de esquerda, essa cifra passou de quatrocentos para setecentos reais *per capita* e alcançou em torno de 4% do PIB.

O governo de esquerda (2003-16) teve vários conflitos com a corporação médica. O mais agudo foi aquele em torno do programa Mais Médicos. O Mais Médicos foi a única resposta do governo Dilma Rousseff às reivindicações levadas às ruas em junho de 2013. O Brasil tem um sistema irracional de formação e emprego de médicos: mais de 90% desses profissionais são formados em instituições públicas de ensino gratuito, mas depois não querem trabalhar para o setor público. Destaque-se que não há comparação possível entre a qualidade do ensino de medicina público e privado: todas as dez melhores faculdades de medicina do país são públicas. Mas o ponto sensível é que a autorização para a formação de novas escolas de medicina fica a cargo das corporações médicas. As mesmas que, até 2013, se recusavam a autorizar a abertura de novos cursos, criando um desequilíbrio na oferta de trabalho na área. A partir de 2013, o Brasil abriu novas vagas em cursos de medicina e trouxe médicos cubanos para a atenção básica, mas as iniciativas aumentaram a tensão entre o governo e a corporação. Médicos pelo país afora aderiram ao antipetismo e depois ao bolsonarismo. Luiz Henrique Mandetta se destacou como representante dos interesses da categoria, o que lhe valeu a nomeação para o cargo de ministro da Saúde.

Mandetta nunca foi um bolsonarista clássico. Ele é membro de uma família de políticos do Mato Grosso do Sul. Seu pai foi vice-prefeito de Campo Grande e ele tem tios e primos deputados estaduais e federais. Mandetta ocupou o cargo de secretário municipal da Saúde na gestão de um dos seus primos, Nelson Trad Filho, que foi prefeito de Campo Grande. Sua gestão à frente da secretaria teve altos e baixos, com sucessos e ações polêmicas. Na condição de secretário, Mandetta tornou-se popular em uma campanha contra a dengue, em 2005. Ali ele demonstrou as mesmas características que o tornaram o ministro mais popular do governo Bolsonaro durante a pandemia: a capacidade de liderar uma ampla campanha pública com envolvimento da população e gestão técnica de bom nível.

Mandetta tem uma trajetória centrista. Ao assumir o ministério, ele não encampou uma proposta radicalmente contrária ao SUS, diferenciando-se de outros ministros da Esplanada. Em entrevista ao Conselho Nacional de Secretários de Saúde, afirmou: "O SUS é a maior política de inclusão social do Brasil — cerca de 77% da população depende apenas dele para cuidar de sua saúde. Acredito que no conceito de equidade é onde o país deve encontrar sua racionalidade na tomada de decisões para fazer mais por quem tem menos e transformar o desigual em igual". Mandetta também se diferenciava no governo Bolsonaro por um fator adicional: a nomeação de uma equipe de perfil técnico para o ministério, com os postos mais altos da equipe sendo ocupados por pessoas com experiência nacional e conhecimento do SUS. Assim, a crise do coronavírus caiu na mão de um ministro centrista, em um governo que quase não tem centristas, e de um ministro de capacidade técnica em um governo no qual continuidades de gestão haviam sido propositalmente desfeitas.

A pandemia colocou de saída três problemas para o governo Bolsonaro. Em primeiro lugar, ela implicou uma imediata reabilitação da ciência no plano da opinião pública, com cientistas e professores aparecendo todos os dias no Jornal Nacional e dando entrevistas para os principais jornais do país. As experiências da Itália e da Espanha, onde a demora em adotar o isolamento social acelerou de modo descontrolado a escalada de mortes, evidenciaram com rapidez os danos da negação da ciência. Ao contrário do que ocorre com o aquecimento global, por exemplo, a pandemia do coronavírus de saída deixou claro o estrago que poderia causar, dificultando a vida dos negacionistas.

O segundo problema refere-se à perda de apoios importantes. Era em oposição aos valores do petismo — igualdade, redistribuição, Estado amplo — que as preferências dos apoiadores de Bolsonaro se expressavam, em geral como derivação de uma clivagem forçada entre corruptos e não corruptos. Esse ponto de vista conquistou a classe média das regiões Sul e Sudeste, que se congelou em uma posição dual contra a esquerda e seus valores. Mesmo em questões importantes como agressão a jornalistas, ataque a cientistas ou a organizações internacionais, essa configuração antiesquerda não foi abalada em 2019. Quando a classe média se posicionava, era apenas para dizer que não havia alternativa viável ao bolsonarismo. A crise do coronavírus abalou esse apoio, especialmente nas redes sociais. A adesão às posições de ódio aberto manifestas pelo presidente foi caindo na mesma proporção em que a aprovação do ministro da Saúde ou das ações do Ministério foi crescendo.

Há ainda a questão da corporação médica. Os médicos são o grupo que mais tem mudado de posição neste momento, não apenas em razão das posições cientificamente insustentáveis do presidente, mas também porque o embate entre ele e o seu ministro da Saúde se deu em termos médicos. E sabemos quem perdeu essa briga.

Assim, formou-se uma nova aliança política no país. Esta aliança não é de esquerda, é de centro, mas o importante é que se trata de aliança pelo fim da antipolítica (conceito que discutirei adiante). Jair Bolsonaro é o político mais irresponsável na crise do coronavírus em todo o planeta. Os poucos políticos negacionistas (e tivemos outros nesta crise), mesmo quando titubearam, acabaram elaborando suas políticas com responsabilidade, como foi o caso dos governos da Grã Bretanha e da Holanda. Ninguém por lá viu um presidente na dúvida se tinha sido contaminado realizar encontros com apoiadores. A nova aliança no Brasil defende a formação de um amplo bloco pelo reestabelecimento do bom senso na organização das políticas públicas. Esse bloco tem maioria nas duas casas, na Câmara e no Senado, e fortíssimos apoios no Judiciário. Ele também engloba os governadores, que têm amplas prerrogativas nesta crise.

Também faz parte da nova aliança a reabilitação da ciência, com a reorganização do papel das universidades e instituições públicas de saúde. Ao longo da construção de uma concepção de antipolítica no Brasil, a ideia de que o Estado e as políticas públicas são relevantes desapareceu do cenário político, dominado por discussões em torno de corrupção e privilégios corporativos. Nesta crise, a proteção social e a política pública ressurgiram, resgatadas já no primeiro momento pelo sistema político, não pelo presidente. Enquanto a equipe econômica propunha a ruptura das relações contratuais sem ônus para o empregador, o sistema político operou a partir dos elementos clássicos da política social, como o cadastro de beneficiários e formas de transferência de renda. O novo instrumento de poder passou a ser, até a demissão de Mandetta, a política pública e seus efeitos, em vez de posições ideológicas defendidas nas redes sociais.

O terceiro componente dessa aliança é o tensionamento com o presidente e suas políticas nas redes sociais, nas varandas e, a partir do final de maio, nas ruas das principais capitais do país. O bolsonarismo é tanto uma forma eleitoral quanto uma forma de intimidação. É indiscutível a vitória eleitoral do presidente nas eleições de 2018. Aliás, o único que a questiona parece ser ele mesmo. Porém, a hegemonia política do bolsonarismo não emana unicamente da vitória eleitoral. Ainda antes dela instalou-se no Brasil o péssimo hábito da agressão em público e nas redes sociais, que o bolsonarismo amplificou. Desde o início da pandemia, temos visto a classe média nas varandas protestando contra a condução da crise sanitária pelo presidente. Temos também visto uma redução da influência de Bolsonaro e seus filhos nas redes sociais. Bolsonaro foi citado positivamente em 67,5% dos dias (246) durante o ano de 2019. Neste ano, foram 19,7% de dias positivos (25) contra 71,9% de negativos (95). Apenas no final de semana entre os dias 25 e 26 de abril, Bolsonaro e os filhos perderam mais de 80 mil seguidores no Twitter.

No dia 16 de abril, Jair Bolsonaro conseguiu enfim implementar a sua política antivida com a demissão do ministro Luiz Henrique Mandetta. Bolsonaro o substituiu por Nelson Teich, um médico do setor privado sem experiência em política pública ou SUS, que ficou no cargo por menos de um mês. Porém, mais importante do que a origem do ministro fantasma foi a sua política exitosa de esconder o Ministério da Saúde. Ele desativou as inter-relações federativas no momento decisivo de combate à Covid-19. No modelo de gestão da Saúde do Brasil pós-1988, a União exerce, na melhor das hipóteses, um papel coordenador. Mas nos dez primeiros dias de gestão, Teich não recebeu nenhum secretário estadual, rompendo com o papel histórico do ministério na coordenação de ações emergenciais no meio da pandemia. O resultado ou as mortes não tardaram a aparecer.

O novo ex-ministro também procedeu, provavelmente a pedido do presidente, ao desmonte da burocracia da área e sua substituição por militares. No início de maio, já faziam parte do ministério mais de uma dúzia de militares cuja única característica em comum era nada entenderem de saúde. Ainda assim, Teich também tinha os seus limites e eles foram ultrapassados no momento em que o presidente tentou impor a cloroquina à revelia do ministro. Foi o estopim para a segunda demissão de um ministro da Saúde em meio à pior crise sanitária em mais de cem anos.

O interessante, do ponto de vista do governo do capitão, é que a troca de ministro no meio de uma pandemia não pareceu preocupá-lo. Em uma patética reunião ministerial no dia 22 de abril, vimos o bolsonarismo de modo transparente. Naquele dia, o Brasil tinha 2 mil mortos pelo vírus e o presidente falou por mais tempo sobre tacômetros, velocímetros e armas do que sobre a pandemia. No dia 28 de abril, quando o número de mortos no Brasil bateu a marca das 5 mil pessoas, o capitão foi praticar tiro ao alvo. Confrontado na volta ao palácio da Alvorada, respondeu: "E daí? Lamento, quer que eu faça o quê?". Quando o Brasil ultrapassou a marca de 10 mil mortes, ele foi andar de jet ski, e quando o país atingiu a marca de 20 mil óbitos pela pandemia, o governo estava sem ministro da Saúde e com um general tocando provisoriamente o ministério. Cabe, nesse caso, a pergunta sobre o que leva um presidente a tomar uma decisão tão extrema.

Marcos Nobre, em livro para esta coleção intitulado *Ponto-final*, oferece duas respostas: Bolsonaro agiu por "fidelidade ao seu projeto autoritário" e/ou Bolsonaro não parece disposto a realizar "gigantesca reorganização sistêmica" que o combate à pandemia exige e que implicaria aceitar as regras democráticas. As duas respostas me parecem frágeis do ponto de vista conceitual e empírico. Em primeiro lugar, países autoritários possuem instrumentos de combate à pandemia, tal como o caso chinês deixa patente. Eu iria além: elementos centrais de uma política autoritária são compatíveis com o combate à pandemia, como a Hungria de Orban e até mesmo a Rússia mostraram. Eu acrescentaria que não se trata de Bolsonaro se recusar a acionar os mecanismos sistêmicos e democráticos, mas de ele acreditar de fato que o Exército e a cloroquina podem resolver o problema. Ou seja, Bolsonaro é refém da sua própria concepção de política, que ele ajudou a formar entre 2014 e 2018 no Brasil, insistindo nessa via mortífera.

As atitudes do capitão expressam os elementos centrais da sua concepção de política, que se materializa também na Saúde. Ele a tensiona quando ela opera de acordo com princípios elementares da governabilidade, porque esta última não constitui o conceito com o qual ele trabalha. Para ele, o questionamento dos mecanismos clássicos da política faz mais sentido do que combater uma pandemia. O capitão não se preocupa quando o Estado opera caoticamente, ceifando a vida de brasileiros. Ou seja, o presidente do Brasil opera sob o signo de Thanatos, o deus da morte, e combate políticas exitosas que podem salvar vidas. Veremos adiante como esse processo se organiza e quais são as opções democráticas para colocar fim ao bolsonarismo.

ATO II

A antipolítica na crise: Da Lava Jato à disputa entre Bolsonaro e Moro

Temos um presidente que não dialoga com a mídia, agride jornalistas, não aceita posições científicas e que, em atos de irresponsabilidade extrema, aceita o risco de contaminar a população com um vírus sem tratamento conhecido. Foi preciso chegar a esse ponto para que a mídia, influenciadores digitais, o sistema político, governadores e instituições da sociedade civil adotassem posições construtivas. Assim, se por um lado a crise que se abre na esteira do coronavírus traz elementos de reafirmação da importância da política, o impasse criado pelo desencaixe entre o sistema jurídico e o Estado de direito, que vem desde o início da operação Lava Jato, persiste.

A antipolítica é a reação à ideia de que instituições e representantes eleitos devem discutir, negociar e processar respostas a temas em debate no país. A antipolítica constitui uma negação de atributos como a negociação ou a coalizão. Ela se estabeleceu no Brasil a partir da suposta luta anticorrupção. Ninguém é contra a luta anticorrupção e uma sociedade sem corrupção continua fazendo parte de um horizonte utópico e desejável no Brasil. Porém, existe um fio da navalha entre a construção de um horizonte utópico e a transformação de grupos políticos, partidos e cidadãos em párias a serem perseguidos nas ruas, aeroportos e redes sociais. Nada do que aconteceu no Brasil entre 2014 e 2018 é novo. A transformação de utopias em formas de ação totalitária é um tema já abordado por diferentes autores, entre eles Hannah Arendt, para quem um dos elementos centrais do apoio das massas a experiências totalitárias reside no deslocamento de certas ideias utópicas.

Tanto o nazismo quanto o stalinismo operaram nesse campo, transformando ideias como pureza racial ou pureza de classe em utopias que justificavam a distorção do debate público e a repressão aos seus opositores. Ouso dizer que a ideia de corrupção, tal como opera no Brasil desde 2014, cumpre função semelhante. Não tenho dúvidas de que a campanha contra a corrupção preencheu no Brasil os mesmos requisitos: a introdução de uma chave analítica "limpos" contra "impuros", associada à figura de um combatente desse processo de degradação social, no caso o juiz da 13ª vara da Justiça Federal, Sérgio Moro. A maior parte das instituições midiáticas brasileiras operou nessa chave interpretativa, o que permitiu ao juiz intervir no processo eleitoral de 2014, pressionar juízes do Supremo Tribunal Federal, liberar áudios proibidos por lei e extorquir informações de testemunhas por meio do uso ilegal do instrumento da condução coercitiva. Com a Lava Jato, o direito no Brasil seguiu o molde de experiências totalitárias, renunciando à ideia de que a lei deveria ser a única fonte para determinar o que é legal ou ilegal.

O campo da mentira judicial e midiaticamente sancionada começa a se desenvolver ainda em 2016, quando Moro pede escusas ao ministro do STF Teori Zavascki. Ali ele afirma que errou, mas que não "teve por objetivo gerar fato político-partidário". A dissimulação está presente na Lava Jato e no comportamento do juiz Sérgio Moro antes de alcançar o campo bolsonarista. Jair Bolsonaro pertence, obviamente, a esse campo. Mas o uso que ele fez da mentira parece ser de outro tipo, pelo menos até 2018. Até o início da campanha eleitoral, a estratégia do bolsonarismo foi ocupar as margens do debate político. Nesse momento, não há mentira no bolsonarismo, apenas uma interpretação minoritária e fora de propósito da história do Brasil, a exemplo do papel positivo da tortura.

Assim, Bolsonaro pôde assumir o legado da ditadura militar, defender torturadores e milicianos abertamente e atacar o Judiciário. Foi apenas quando grupos midiáticos, judiciais e empresariais chegaram à conclusão de que seu projeto centrista havia fracassado, no início do processo eleitoral de 2018, que uma operação mais sofisticada entrou em cena. Nessa operação, Bolsonaro e Moro são apresentados como fonte de pureza ética e moral. O campo da cultura é integrado ao campo da luta anticorrupção e emergem os puros absolutos durante a campanha eleitoral de 2018, sempre em contraponto ao PT e à esquerda, apresentados como o centro da corrupção.

Assim, a antipolítica no Brasil se constituiu a partir de dois elementos: em primeiro lugar, o punitivismo jurídico. Ali, uma operação policial contra a corrupção é transformada em facciosismo antirrepublicano, por meio do qual o campo da esquerda é construído como corrupto e o poder é acumulado através de atos que extravasam o Estado de direito. Sérgio Moro e Deltan Dallagnol foram especialistas nessa construção. São eles que constroem o tensionamento com o Supremo Tribunal Federal, hoje amplamente utilizado pelo bolsonarismo. O STF fez esse jogo, por gosto ou falta de alternativa, até pelo menos a eleição de Bolsonaro. Nesse contexto, ou o STF aceitava a seletividade e o punitivismo, ou era alvo de agressões nas redes sociais e nas ruas. Assim, ao mesmo tempo que a operação Lava Jato está situada no campo judicial, ela é uma forma de desencaixe entre o sistema jurídico e o Estado de direito. De acordo com essa concepção, o papel do Judiciário é ir além da norma legal com o objetivo de sancionar punições. Desse ponto de vista, a Lava Jato reconstrói elementos dos sistemas autoritários de justiça.

O segundo elemento dessa concepção de antipolítica é a substituição do governo por uma concepção moral de política judicialmente sancionada. Fez parte da estrutura da operação Lava Jato impedir atos de governo por meio jurídico. Foi assim que a nomeação do ex-presidente Lula na Casa Civil, uma atribuição exclusiva da presidente, foi barrada por uma liminar de juiz federal. O bolsonarismo, até a demissão de Sérgio Moro, fez uma crítica direta ao presidencialismo de coalizão e à forma como o Brasil foi governado entre 1994 e 2018, um sistema no qual as negociações para a conquista de maiorias no Congresso têm como moeda de troca a alocação de recursos públicos ou a distribuição de cargos. Para o bolsonarismo, negociações para a formação de alianças no Congresso são parte de uma distorção do ato de governar.

Até a demissão de Moro e as trocas no comando da Polícia Federal, havia um acordo político de ratificação da honestidade do bolsonarismo por Moro e demais membros da República de Curitiba. Exemplo disso era o papel do ex-juiz em avalizar indicações de ministros. Em relação ao caso de corrupção por caixa dois no qual o ministro Onyx Lorenzoni esteve envolvido, Moro afirmou em entrevista: "Ele já admitiu e pediu desculpas". A frase é um resumo lamentável de como a política foi substituída pela antipolítica no Brasil. Em vez de as instituições políticas ou, neste caso, judiciais decidirem a culpa, a desvalorização da política e das instituições levou à concentração, na figura do ex-juiz, dos princípios de legitimidade em relação à forma de lidar com bens públicos. Operação semelhante ocorreu em relação ao filho mais velho do presidente, Flávio Bolsonaro, envolvido em escândalo conhecido como rachadinha. O inquérito da Polícia Federal, depois de pressão do presidente, ficou a cargo de um delegado conhecido da família que alegou a inexistência de provas, apesar da amplitude de evidências levantadas pelo Ministério Público no Rio de Janeiro. O ex-ministro ficou em silêncio e o senador pelo Rio de Janeiro elogiou sua isenção. Não houve no governo Bolsonaro política institucional contra a corrupção. O que houve foi uma personalização da agenda anticorrupção na aliança entre Sérgio Moro e a Lava Jato, que envolvia trocas em moedas diferentes das utilizadas pelo presidencialismo de coalizão.

A demissão de Sérgio Moro se deu em torno dos conflitos gerados pelo controle da Polícia Federal e dos enfrentamentos entre a PF e os filhos do presidente. As agendas de envolvimento dos filhos de Bolsonaro colocaram um dilema para o grupo comandado por Moro: avalizar remoções de delegados honestos e admitir uma banda podre em cargos de direção na Polícia Federal. Três escândalos envolvendo diretamente o capitão e seus filhos estavam em investigação ao longo de 2019: o primeiro deles é sobre o assassinato de Marielle Franco. O assassinato, em 14 de março de 2018, sinalizou uma mudança de patamar na violência política no Brasil. Durante o inquérito da Polícia Civil do Rio de Janeiro, foi comprovado o envolvimento de Ronnie Lessa no crime, uma pessoa com relações indiretas com a família do presidente e que mora no mesmo condomínio na Barra da Tijuca.

Esse inquérito, que a princípio não envolve a família Bolsonaro, acabou associado a um segundo inquérito, sobre o gabinete do filho do presidente, constituído com forte presença de ex-policiais militares e milicianos. Nele, estavam lotadas as seguintes pessoas envolvidas em crimes no Rio de Janeiro: o famoso Fabrício Queiroz; Danielle Nóbrega e Raimunda Magalhães, respectivamente irmã e mãe do miliciano apontado como chefe do Escritório do Crime; Adriano da Nóbrega, morto em fevereiro de 2020 pela polícia baiana. Jair Bolsonaro forçou, em agosto de 2019, a troca do superintendente da Polícia Federal no Rio de Janeiro, Ricardo Saadi, ainda que a Polícia Federal tivesse pouca influência nos dois inquéritos. Depois da troca, o presidente conseguiu que o inquérito acerca da lavagem de recursos provenientes do gabinete do filho fosse conduzido por um velho conhecido da família, Erick Blatt, que concluiu não ter encontrado evidências.

É outra, no entanto, a investigação que mais incomoda o clã Bolsonaro. Ela está baseada em Brasília e é conduzida pela Polícia Federal. Trata-se do inquérito sobre fake news durante as eleições. Como é sabido, Jair Bolsonaro declarou gastos de valores irrisórios durante sua campanha, marcada por disparos ilegais de fake news por agências de publicidade. Ainda durante as eleições, a jornalista Patrícia Campos Mello, da *Folha de S.Paulo*, divulgou dados sobre fake news, o que gerou fortes ataques do bolsonarismo naquele momento. Apesar do anúncio de abertura de inquérito pela então procuradora-geral da República, Raquel Dodge, as revelações mais importantes vieram de uma CPMI e conduziram na direção de dois filhos de Jair Bolsonaro, Eduardo e Carlos, revelando potencial de cassação de mandatos e de acusação por crimes civis. No dia 27 de maio, o ministro do Supremo Tribunal Federal Alexandre de Moraes desencadeou a mais ampla operação contra fake news já realizada no país. A operação não realizou prisões mas alcançou o núcleo da relação entre bolsonarismo e sites e perfis de notícias falsas. Não ter se empenhado para detê-la foi um dos "crimes" de Sérgio Moro que o presidente não perdoou.

A presença de Sérgio Moro constituía um substituto à ação das instituições, destruídas à medida que a crise avançava. Sérgio Moro pede demissão retirando esse aval de forma pública, e com os mesmos métodos da Lava Jato: vaza trocas de mensagens entre ele e o presidente, revela em depoimento à Polícia Federal em Curitiba um vídeo — a famosa reunião ministerial divulgada pelo ministro Celso de Mello — no qual o presidente expressa a intenção de intervir na Polícia Federal, além de ações ainda mais graves, como a formação de um serviço de inteligência paralelo. Ao mesmo tempo, a demissão de Moro teve consequências judiciais imediatas, a começar por um pedido do procurador-geral da República para que as acusações fossem investigadas. No dia 29 de abril, menos de uma semana depois das acusações, o ministro Alexandre de Moraes proferiu liminar suspendendo a nomeação de novo diretor-geral da Polícia Federal. Na liminar, Moraes afirmou que a escolha e nomeação, mesmo tendo caráter discricionário, está vinculada ao império constitucional e legal. Com esses argumentos, retoma-se a possibilidade de prevalecer uma interpretação de que o princípio da legalidade é superior às formas de divisão de poderes e às atribuições exclusivas de cada um dos poderes. Isso recoloca elementos da conjuntura 2014-2016 e aponta para uma possível solução judicial para a crise do bolsonarismo.

Há uma segunda questão desencadeada pela demissão de Moro: a transferência da disputa política entre Moro e o presidente para as redes sociais. A atuação do presidente e dos seus filhos na rede constitui uma forma de ratificação digital acrítica. Bolsonaro não procura discutir ou coletar opiniões nas redes sociais. Ele se pauta por um exército de ratificadores, que o apoiam acriticamente e atacam aqueles que o criticam. O bolsonarismo se organizou nas redes sociais muito antes das outras lideranças políticas, antes mesmo da campanha eleitoral de 2018. Porém, é interessante observar que essa rede envolve um conjunto de atores que aceitaram, até o início da crise, a condição assimétrica de ratificadores do mito. Tal fato tornou o governo do capitão ainda mais dependente das redes de fake news que Alexandre de Moraes começou a desmontar.

Nos levantamentos que fizemos no Instituto da Democracia na UFMG, no momento mais forte de isolamento da esquerda nas redes sociais, em março de 2016, a rede bolsonarista envolvia jornalistas como Rachel Sheherazade, atores como Alexandre Frota e Carlos Vereza, perfis de instituições intermediárias e perfis de humor. A esquerda aparecia isolada. O padrão se repetiu durante a eleição de 2018 com a adesão explícita de empresários com alto número de seguidores nas redes socais. Desde 2019, Bolsonaro vem perdendo adesão devido à dificuldade de formadores de opinião se submeterem à estrutura de ratificação que o bolsonarismo impõe e que implica custos de reputação. Mas foi apenas no momento da crise da pandemia que a estrutura de apoio não apenas cedeu, como precisou se rearticular. De acordo com nossos levantamentos, em março de 2020, o bolsonarismo adquiria sinais de isolamento semelhantes aos que Dilma Rousseff, o PT e os perfis de esquerda experimentaram em 2019.

A saída de Sérgio Moro acentuou um fenômeno que vinha ocorrendo desde o início da crise política: o surgimento de um campo de maioria nas redes sociais que tensiona o sistema político e busca uma solução jurídica para a crise. O capitão e seus filhos surfaram nessas formas de criação de maiorias até a eleição. Mesmo em momentos de forte divisão nas redes em 2019 — como os insultos proferidos contra a primeira-dama francesa —, o capitão e seus filhos não ficaram isolados. A reação ao coronavírus e à demissão do ministro Moro parecem ter realizado esse isolamento. No fim de semana que se seguiu à demissão do ministro, o capitão e os filhos tiveram uma perda líquida de 86427 seguidores, ao passo que Sérgio Moro ganhou mais de 160 mil, segundo dados da consultoria Bites. A operação contra fake news do dia 27 de maio bloqueou perfis que somam milhões de seguidores, deixando o bolsonarismo ainda mais isolado nas redes sociais. Desse modo, desde a última semana de abril, Moro e o Judiciário conseguiram reacender a chama da antipolítica. O desafio do país agora é impedir Jair Bolsonaro sem cair mais uma vez na antipolítica.

ATO III
Militares, bolsonarismo e crise política

O Brasil tem uma corporação militar atípica. Embora não tenha passado por nenhum conflito militar desde a Guerra do Paraguai, ainda no século XIX, conseguiu transitar de uma forma pessoal de governo, o império, para uma forma supostamente impessoal, a república, por meio de um golpe militar. A república no Brasil enfrenta, desde o seu início, um problema recorrente: a politização da corporação militar e as formas de tutela do sistema político estabelecidas pela corporação fardada. A reconstrução da legitimidade dos militares, que se operou após os anos 1990, foi reforçada pela abertura do bolsonarismo aos membros da corporação, o que recoloca o tema na agenda da política brasileira.

A doutrina de intervenção dos militares na política se constitui ainda ao final do império, passa pelo movimento tenentista nos anos 1920 e se intensifica no governo Vargas. O império optou pelo estabelecimento de um exército em continuidade com o exército colonial português, que ficou no Brasil e aderiu ao comando de Dom Pedro I. Mas o exército de Caxias, que Jair Bolsonaro tanto preza, não foi uma instituição golpista até a época da Guerra do Paraguai. Como lembra o historiador José Murilo de Carvalho, nenhuma crise no Brasil até o final do império foi provocada pelos militares. É depois da Guerra do Paraguai, quando o debate sobre a república se intensifica, que a discussão sobre o papel do Exército surge no país. E ainda mais surpreendente: foram os republicanos e os abolicionistas que trouxeram para a agenda a ideia de intervenção militar. Ali iniciou-se uma trajetória que ainda não chegou ao fim e que no momento da crise do coronavírus cria impasses adicionais para o país.

Durante o início da república, as Forças Armadas passam por uma profissionalização, que é precária, mas amplamente difundida no autorretrato que a corporação fardada faz de si mesma. Ao mesmo tempo, surge uma ideia de missão nacional. Essa ideia se desenvolve a partir do tenentismo, na segunda década do século XX. O tenentismo, como o nome explicita, é um movimento de oficiais de baixa patente revoltados com a situação do país e que achavam desejável que os militares se envolvessem na política. Ao longo da primeira metade da década de 1940, os generais Gois Monteiro e Eurico Gaspar Dutra adquirem o comando absoluto da tropa e impõem o isolamento da baixa oficialidade. Na primeira eleição presidencial do pós-guerra, os dois candidatos são militares: o brigadeiro Eduardo Gomes e o ex-ministro da Guerra, Eurico Gaspar Dutra. Entre 1946 a 1964, a presidência Dutra foi a única que não sofreu pressão das Forças Armadas. Getúlio Vargas, Juscelino Kubitschek, Jânio Quadros e João Goulart atuaram permanentemente sob a pressão da corporação militar. Esse mesmo Exército aderiu à pressão sobre Dilma Rousseff e Michel Temer.

Em 1964, os militares recebem mais um chamado da UDN para intervir na política e o atendem. Mas, ao contrário do que esperavam os golpistas civis, instalam um regime próprio que irá durar 21 anos. O regime militar que governa o Brasil nesse período é conhecido por dois atributos: desenvolvimentismo associado à criação de uma tecnoburocracia militar, de um lado, e repressão política, de outro. Uma parte decisiva das empresas estatais que proliferam durante o período foi dirigida ou contou com militares em seus quadros dirigentes, mas nem por isso se tornaram mais eficientes. Pelo contrário, grandes projetos desenvolvimentistas com engajamento militar, como as siderúrgicas, as hidroelétricas e grandes construções na área de eletricidade, foram marcados por ineficiência e corrupção. De todo modo, repressão política e violações dos direitos humanos foram o ponto mais dramático da passagem dos militares pelo poder. Já em 1964 e 1965, foram generalizadas as denúncias de tortura no país. Com a inflexão autoritária a partir de 1968, começa uma atividade paralela de repressão aos militantes políticos de esquerda que generaliza a tortura e o desaparecimento. Ainda que o número de desaparecidos ou mortos no Brasil tenha sido menor que em outros países, e que a maior parte da repressão política não tenha envolvido a eliminação física, ela de fato existiu e foi ordenada no mais alto escalão possível.

Os militares saem da presidência, em 1985, após uma passagem desastrosa que contraria sua própria narrativa acerca do período, baseada em três mitos: eficiência, legitimidade da repressão política e ausência de corrupção. Ao final do período autoritário-militar esse tripé estava em crise profunda e os militares negociaram a volta aos quartéis. Uma volta, como sabemos, provisória e recheada de benefícios corporativos.

Ainda durante a elaboração da Constituição de 1988, duas tendências de longo prazo foram se afirmando: a primeira foi a recuperação da confiança da população nos militares. Como não houve no país uma Justiça de transição, os malfeitos foram jogados para debaixo do tapete e os militares rapidamente retomaram a confiança da população, reforçando a imagem de eficiência e não envolvimento em corrupção. O fenômeno se deu ainda nos anos 1990. A segunda tendência diz respeito à autorização para a intervenção das Forças Armadas na segurança pública e na política. Ela é relacionada ao espaço que os militares foram capazes de preservar para si na Constituição de 1988, e viria a determinar os principais elementos da conjuntura entre 2016 e 2020. O artigo 142 da Constituição define as Forças Armadas como instituições nacionais "permanentes e regulares, organizadas com base na hierarquia e na disciplina, sob a autoridade suprema do Presidente da República, e destinam-se à defesa da Pátria, à garantia dos poderes constitucionais e, por iniciativa de qualquer destes, da lei e da ordem". Evidentemente, a porta de entrada para a intervenção dos militares na política não foi fechada no Brasil.

A partir do início de 2018, há uma ação no campo da opinião pública para reabilitar o papel histórico desempenhado pelas Forças Armadas. Dois episódios-chave demonstram o novo poder dos militares. O primeiro, que passou despercebido por muitos, foi o pedido de Rodrigo Maia, presidente da Câmara, para que houvesse mais segurança na Esplanada dos Ministérios durante um conjunto de manifestações públicas e conflitos dentro do Congresso ocorridos em maio de 2017. Em resposta ao pedido de Maia por mais segurança, foi decretada uma operação de Garantia da Lei e da Ordem (GLO). O pedido foi negado por Maia em seguida, afirmando que sua demanda ao governo tinha sido por apoio da Força Nacional, não por uma GLO: "Se o governo encaminhou algo maior, aí é uma posição do governo". Aqui se colocam os riscos trazidos pelo texto constitucional. Uma vez pedida a intervenção militar, ela é realizada pelo poder Executivo nos seus próprios termos.

O segundo episódio foi a intervenção federal no estado do Rio de Janeiro, decretada em 16 de fevereiro de 2018. Ali apareceram todos os ingredientes da ordem civil/militar em formação no Brasil, desde a forma como a população de baixa renda foi policiada até a cumplicidade e desresponsabilização em relação ao assassinato da vereadora Marielle Franco. Houve ainda a greve dos caminhoneiros, em maio de 2018, que ofereceu ingrediente para a rearticulação de uma visão positiva não apenas dos militares, mas também da ideia de intervenção militar. A greve associou grupos bolsonaristas que vinham atuando nas redes sociais desde 2016. Eles passaram, a partir da crise do governo Temer, a advogar abertamente soluções contra o sistema político e se aproveitaram do reajuste no preço dos combustíveis para parar o país.

O governo Bolsonaro se inicia com uma representação desproporcional de militares no governo, em especial nos ministérios que influenciam de forma mais cotidiana o comportamento do presidente. Inicialmente, Bolsonaro faz as seguintes nomeações militares para o primeiro escalão: general Augusto Heleno para o Gabinete de Segurança Institucional; general Fernando Azevedo para a Defesa; para a Secretaria de Governo, Carlos Alberto Santos Cruz; para Ciência e Tecnologia, Marcos Pontes; Minas e Energia, o almirante Bento Costa de Albuquerque; Controladoria Geral da União, o capitão do Exército Wagner Rosário, além dos ministros militares que chefiam cada uma das corporações.

Rapidamente, à medida que o governo Bolsonaro enfrenta crises, são realizadas novas nomeações militares, que levam à Casa Civil o general Walter Souza Braga Netto e à Secretaria-Geral da presidência Jorge Oliveira, major da reserva da Polícia Militar do Distrito Federal, além da substituição de Santos Cruz por Luiz Eduardo Ramos na Secretaria de Governo ou o general Eduardo Pazuello, que atuou como o ministro da Saúde de fato durante o mês de maio. Ao final do primeiro ano de mandato, todos os ministros da casa eram militares. Como reconheceu o presidente ao jornal *O Globo* em fevereiro de 2020: "Ficou completamente militarizado o meu terceiro andar. São quatro generais ministros agora. Nada contra os civis".

A demissão de Luiz Henrique Mandetta, em 16 de abril de 2020, abriu a perspectiva de um movimento similar no Ministério da Saúde. Ainda no ato de apresentação do ministro seguinte, Nelson Teich, o presidente afirmou que faria diversas indicações para o segundo escalão do ministério. Na primeira reunião de transição, o novo ministro da Saúde apareceu acompanhado do almirante Flávio Rocha, secretário de Assuntos Especiais da Casa Civil. Até o início de maio de 2020, dezoito militares já ocupavam cargos de segundo escalão no ministério. Pela primeira vez, desde o fim do regime autoritário, os militares terão de mostrar eficiência e capacidade de gestão, algo que não lhes era exigido desde a redemocratização. Mais grave: eles não participaram da elaboração da concepção alternativa e cientificamente inconsistente de tratamento à pandemia elaborada por Bolsonaro, seus filhos e alguns auxiliares próximos, mas agora a ratificam.

Podemos antever os problemas que esperam os brasileiros na medida em que os militares assumem centralidade no combate ao coronavírus. No dia 9 de maio, um sábado, o Brasil ultrapassou a marca de 10 mil mortes. Nesse mesmo dia, depois de cancelar um churrasco marcado para o Palácio da Alvorada, o capitão foi andar de jet ski. Na semana seguinte, quando os mortos aumentaram em 5 mil, o presidente tentou convencer Nelson Teich a endossar a prescrição de cloroquina, o que de fato ocorreu depois de sua saída. Quando o país completou 500 mil casos, o capitão andou a cavalo na Esplanada dos Ministérios. Naquele momento, o país não tinha ministro da Saúde há mais de duas semanas e o cavaleiro não parecia preocupado com o problema. Ou seja, a irresponsabilidade do presidente é contabilizada em mortes. Até quando os brasileiros aceitarão pagar a conta do desgoverno com suas próprias vidas?

ATO IV

A reconstrução do centro democrático?

A maior parte dos países não pode sobreviver sem um centro político democrático. O Brasil destruiu suas forças de centro entre 2014 e 2018 por uma via judicial-midiática. Por essa via, um sistema político que havia sido capaz de estabilizar a moeda e diminuir efetivamente a pobreza passou a ser julgado unicamente pela propensão a gerar mais ou menos casos de corrupção. Isso gerou uma crítica que o meu colega Marcos Nobre, autor nesta coleção, denominou de crítica ao sistema, entendido como "uma massa relativamente indistinta de máquinas políticas que se encastelam no Estado para se reproduzir". Julgar um sistema político apenas por sua dimensão moral, sem analisar os resultados que ele produziu em termos de políticas, é um equívoco em que a opinião pública, a mídia e muitos intelectuais persistem, sem perceber que sustentar tal posição implica aceitar elementos da antipolítica. Essa adesão implica também incompreensão do sistema político, que, apesar das deficiências evidentes, foi capaz de gerar decisões e políticas públicas relevantes para o país entre 2003 e 2014.

Apenas no início da crise as principais representações da opinião pública e da mídia descobriram que não podem prescindir de forças capazes de equilibrar o jogo. Bolsonaro rejeitou todas as sugestões de acomodação política que apareceram desde o início da pandemia, partindo justamente da concepção que Nobre denomina de antissistema. As duas principais tentativas, um discurso bem comportado pedindo adiamento de manifestações contra o Congresso e o STF, e um pronunciamento, em 6 de abril, em que parecia ter acatado a posição de Mandetta, foram em vão. Nas duas ocasiões, ele voltou atrás logo em seguida. Bolsonaro em versão cordial é uma ficção que não atrai os apoiadores que ele quer mobilizar contra as principais forças políticas do país.

Apesar disso, há evidências cada vez mais fortes da reconstituição de um centro político. Isso se dá em razão da centralidade que o DEM adquiriu em 2020, do papel dos governadores na crise sanitária e da reintegração das forças de esquerda ao campo democrático centrista. Essa reconstrução começou, como diria Maquiavel, por um golpe de fortuna — entendida como a associação entre o acaso e a sorte —, que colocou o partido DEM em três posições-chave: as presidências da Câmara e do Senado e o Ministério da Saúde. É interessante observar que, à exceção de Rodrigo Maia — cuja liderança da Câmara já é consolidada e decorre do colapso do governo Michel Temer —, nos demais casos o que agiu foi a fortuna.

Davi Alcolumbre era um político desconhecido até a ascensão do bolsonarismo. O principal candidato a presidente do Senado em 2019 era Renan Calheiros, um político da velha estirpe peemedebista com forte liderança na Casa, mas também desgastado pelos escândalos de corrupção do PMDB. O bolsonarismo lançou, nos dias anteriores à eleição, uma campanha nas redes sociais pela abertura dos votos dos senadores, o que desgastou o apoio a Calheiros. A presidência do Senado caiu do nada nas mãos de um político desconhecido e o Democratas inesperadamente passou a controlar as duas casas do Congresso. O elemento de maior fortuna, porém, foi a nomeação de Mandetta ao Ministério da Saúde. Mandetta era um deputado importante na bancada da saúde, com fortes laços com a família Trad, que circula entre o PMDB, o PTB e o PSD. Ele poderia pertencer a qualquer um dos três partidos e de fato foi um peemedebista até 2010. Por uma recusa de apoio do PMDB à sua candidatura a prefeito (da qual acabaria desistindo), ele aderiu ao Democratas.

No início de 2020, apesar da derrota generalizada das forças de centro, o DEM encontrou-se em situação inédita: tem em mãos a chave para a remoção do presidente, da mesma forma que o PMDB em 2016. Por enquanto, o DEM não parece interessado em assumir a responsabilidade por um processo de impeachment. A postura do presidente da Câmara dos Deputados, Rodrigo Maia, é reticente. Certamente não por falta de evidências, mas porque forças econômicas ainda não se decidiram pelo impeachment, em especial as forças do mercado, e porque Maia ainda não recebeu pressões suficientemente fortes do sistema político. A pergunta é se Maia estaria disposto a ser autorizador de um processo de julgamento que partisse do STF. A resposta é condicional e provavelmente dependerá das evidências dos crimes do presidente ou do acobertamento por ele de crimes cometidos pelos filhos. O famigerado vídeo da reunião ministerial do dia 22 de abril aumentou o rol de crimes que podem ser investigados e a chance de um processo político de interdição do presidente.

O caso do governador João Dória também é relevante. O PSDB passou por fortes transformações nos últimos quatro anos e perdeu sua maior liderança, o ex-senador Aécio Neves. Desde a crise do governo Temer, a liderança do PSDB voltou para São Paulo, em um primeiro momento pelas mãos do ex-governador Geraldo Alckmin e, posteriormente, pela via do controle absoluto adquirido por João Dória. Em 2018, ele se aproximou de Jair Bolsonaro e formou a dupla "bolsodória" para o segundo turno das eleições. No primeiro ano do seu governo, Dória disputou o antipetismo com o bolsonarismo. Mas, com a crise do coronavírus, mudou de posição. Ele tentou se abrir na direção de outras forças políticas e se afastar do bolsonarismo. No início de abril, chegou até a trocar gentilezas com o ex-presidente Lula pelo Twitter.

O reposicionamento de Dória mostrou algo importante para o entendimento da crise política brasileira: a necessidade de reintegrar as forças de esquerda, em especial o Partido dos Trabalhadores, ao campo democrático centrista. Ao longo de 2018 e 2019, diferentes grupos políticos, da mídia e do empresariado se empenharam em igualar o PT ao bolsonarismo, como se apresentassem riscos equivalentes à democracia. O gesto de João Dória repercutiu nas redes sociais porque apontou uma mudança de posição.

No geral, durante o primeiro ano de governo Bolsonaro o Congresso foi mais ativo em relação à imposição de limites ao presidente. Foi o Congresso que limitou o decreto relativo ao porte de armas, foi o Congresso que convocou o ministro da Educação para explicar os cortes de verbas para a ciência e foi o Congresso que retirou os pontos mais absurdos da reforma da Previdência. Com a crise do coronavírus, a postura do Supremo Tribunal Federal em relação ao governo Bolsonaro assumiu inflexão igualmente significativa. O plenário concordou, por exemplo, que autoridades estaduais e municipais possuem competência para realizar restrições excepcionais e temporárias das locomoções entre estados e municípios. A decisão representou uma derrota ao presidente, que bradava na porta do palácio presidencial contra essas mesmas competências. Quando Bolsonaro compareceu a ato na frente do Quartel General do Exército em defesa da intervenção militar, três membros do STF se manifestaram em repúdio, entre eles Luís Roberto Barroso e Gilmar Mendes, sabidamente desafetos entre si. O vídeo da reunião ministerial, com ameaças diretas a ministros do Supremo, acentuou ainda mais a reação do STF.

Os elementos da recomposição do centro no Brasil passam por uma reorganização das forças políticas. É o que mostra a nova liderança do Democratas ao lado dos governadores de Rio de Janeiro e São Paulo e da maior parte dos governadores do Nordeste. Essa liderança foi forte o suficiente para abalar o bolsonarismo tanto no apoio entre a classe média como na estrutura de ratificação nas redes sociais. Com ajuda do Judiciário, isolou o bolsonarismo no campo das instituições políticas. Mas enganam-se aqueles que acreditam que o bolsonarismo está morto. Ele está ferido, pela sua incapacidade de calar as forças de oposição com sua rede de robôs. Está ferido pelos panelaços nas varandas das capitais. O bolsonarismo, porém, ainda tem apoio tanto nas redes quanto nas ruas e adotou na crise do coronavírus a estratégia de partir para a radicalização.

Jair Bolsonaro partiu para o ataque às forças políticas que julga desafiá-lo. Depois de contestar as medidas sanitárias defendidas pelo ministro da Saúde, Bolsonaro conseguiu demiti-lo e iniciou um ataque coordenado a outros ministros. Na mesma noite em que Mandetta foi demitido, o presidente da República voltou suas baterias contra o presidente da Câmara, Rodrigo Maia, e logo em seguida abateu o ministro da Justiça. A ação contra o DEM foi executada por dois batalhões diferentes. O primeiro adotou a tática da ex-presidente Dilma Rousseff em relação ao PMDB e tentou recompor uma base política no Congresso. Pela primeira vez desde a posse, o capitão se reuniu com líderes do "centrão raiz", entre os quais PP, PL, PSD e Republicanos. Não convidou o DEM. Ele foi além e ofereceu cargos de segundo escalão para aquele grupo. Ofereceu o comando da Companhia de Desenvolvimento dos Vales do São Francisco e do Parnaíba e do milionário Fundo Nacional de Desenvolvimento da Educação ao PP do senador Ciro Nogueira. Ofereceu a direção do Departamento Nacional de Infraestrutura de Transportes, hoje com militares, ao PL de Valdemar Costa Neto. Nogueira e Costa Neto são velhos representantes do que o capitão chama de velha política. O problema é: em caso de impeachment, ninguém garante que esses ilustres membros da corporação clientelista tenham os votos necessários para segurar o presidente. Pelo menos foi isso o que ocorreu em 2016 com a ex-presidente Dilma.

O segundo batalhão do bolsonarismo agiu, no final de semana posterior à demissão de Mandetta, atacando o presidente da Câmara dos Deputados nas redes sociais. Foi o filho mais novo do capitão quem chefiou as tropas digitais do bolsonarismo. Carlos Bolsonaro criticou Rodrigo Maia pela rejeição de diversas agendas do pai-capitão. Em todos os posts, chamou Rodrigo Maia de Botafogo, o nome que ele teria nas planilhas da Odebrecht. Ao final do dia 19 de abril, os ataques a Rodrigo Maia já faziam parte dos *trending topics* do Twitter no Brasil, o que mostra a capacidade de mobilização do bolsonarismo nas redes sociais. Ao mesmo tempo, os apoiadores do capitão realizaram carreatas em São Paulo. Ato contínuo, o capitão foi a uma manifestação a favor do AI-5. No palco, afirmou: "Todos no Brasil têm que entender que estão submissos à vontade do povo brasileiro. Tenho certeza, todos nós juramos um dia dar a vida pela pátria. E vamos fazer o que for possível para mudar o destino do Brasil. Chega da velha política".

Houve, a partir daí, pressão formal e informal para que as Forças Armadas se pronunciassem oficialmente. No dia 20 de abril, o ministro da Defesa, Fernando Azevedo e Silva, afirmou que as Forças Armadas trabalham para "manter a paz e a estabilidade do País, sempre obedientes à Constituição Federal", uma afirmação fraca, dado o discurso aberto em favor do golpe, mas ainda assim significativa. Por fim, o procurador-geral da República abriu um inquérito sobre a manifestação, que foi aceito pelo STF e tem como relator o ministro Alexandre de Moraes. Foi o primeiro ato de reação legal a declarações antidemocráticas do presidente.

A situação é de equilíbrio instável ou, como dizia Gramsci, de equilíbrio catastrófico. Não há dúvida sobre a perda de apoio do bolsonarismo, tanto no sistema político como na opinião pública e nas redes sociais. Isso criou um novo ambiente político. As falas do presidente produzem panelaços nas grandes cidades, hashtags contra o presidente tornam-se *trending topics*, parte significativa do sistema político se manifesta abertamente contra o presidente e as manifestações bolsonaristas em frente ao Planalto perdem força. Por último, blindagens do bolsonarismo no sistema judicial deixaram de existir, caso do filho mais velho, Flávio, que terá de responder a processo conforme decisão do juiz Felix Fisher, do Superior Tribunal de Justiça.

Mas o bolsonarismo ainda encontra apoios importantes. Eles estão na sua base social, no interior do país e nos setores de baixa renda, em especial na região Sul e Sudeste. Sobretudo entre homens brancos da região Sul, o bolsonarismo continua forte. Vale o mesmo para parte significativa dos evangélicos. Esses setores têm se manifestado intensamente desde o início da crise do coronavírus, mas sob reação de novos adversários. Os oponentes tradicionais são os jovens, as mulheres e a população da região Nordeste. A eles se juntaram a classe média da região Sudeste e diversas personalidades da mídia, das artes e do esporte. Esses grupos têm mostrado capacidade de reagir. São capazes de apoiar o centro democrático. Pesquisas do Datafolha mostram que as políticas de isolamento propostas pelos governadores têm duas vezes mais aprovação do que aquelas defendidas pelo presidente. Desse modo, surge um novo equilíbrio, ainda que instável. Há uma oposição a Jair Bolsonaro liderada por forças de centro que moveu a classe média e uma parte expressiva da população nessa direção. Jair Bolsonaro, por outro lado, reagiu reforçando suas tropas e parece ter angariado alguma adesão entre trabalhadores informais, que receberam seiscentos reais por mês de auxílio durante a pandemia, ainda que a extensão desse apoio siga incerta.

Nesse processo, emergiu a figura do vice-presidente, Hamilton Mourão. O vice-presidente também tem uma trajetória rebelde nas Forças Armadas, mas não tão acentuada quanto a do capitão reformado. No dia 15 de maio, ele publicou em *O Estado de S. Paulo* um artigo de difícil interpretação. Depois de afirmar que "nenhum país vem causando tanto mal a si mesmo como o Brasil", atacou o Supremo, os governadores e o Congresso. É importante entender a posição de Mourão, uma vez que ele pode tanto ser o defensor maior do bolsonarismo como também o maior beneficiário de um processo de impeachment. O que ele resgata no artigo é uma forte tradição de hierarquia e ordem, que parece tanto uma crítica ao sistema político quanto ao presidente. Isso na mesma semana em que três ministros militares foram obrigados a depor na Polícia Federal. Assim, se de fato existe uma recomposição do centro político, ela ainda é frágil e se subordina a um fortalecimento do poder militar, mesmo no caso de uma possível remoção do presidente.

ATO V

Equilíbrio catastrófico: A formação do pós-bolsonarismo

No domingo, dia 3 de maio de 2020, uma carreata em Brasília era liderada por um veículo com os dizeres "intervenção militar com Bolsonaro". Ao parar em frente ao Palácio do Planalto, o presidente se posicionou na rampa e disse aos participantes que não iria mais "admitir interferência" em seu governo. Havia chegado "ao limite" e tinha o "apoio das Forças Armadas". A faixa da manifestação e a fala de Bolsonaro se juntaram a diversas outras, a mais forte delas pronunciada em um acesso de raiva no dia seguinte à operação coordenada pelo Supremo contra as fake news. Na cerca em frente ao Palácio, o presidente afirmou: "Acabou, porra". Ambas as falas explicitam uma ideia que se fortaleceu dentro do bolsonarismo, a de mobilizar o apoio de militares para acuar a Justiça e o parlamento, sugerindo uma saída cesarista da crise.

O Brasil vive um equilíbrio instável provocado pelo impasse no qual a aventura bolsonarista mergulhou o país. O capitão reformado prescinde das qualidades requeridas para estabilizar a situação, entre as quais a capacidade de aglutinar o sistema político no seu entorno e o senso de equilíbrio para oferecer as respostas necessárias. É a percepção da falta de ambos, associada a uma reorganização política ampla, que coloca o bolsonarismo em crise. Mas seria precipitado apontar o seu colapso a curto prazo, uma vez que o bolsonarismo mantém apoios na opinião pública e a capacidade de ameaçar os seus adversários e as instituições com a força da coerção armada.

O bolsonarismo deriva sua força de alguns grupos: o primeiro deles é um grupo de classe média, que ao lado de setores da mídia navegou nas águas do antipetismo. O segundo grupo é formado por diferentes setores do "tenentismo togado". Aqui está parte dos procuradores, juízes e advogados. Ambos os setores foram se afastando do bolsonarismo ao longo de 2019 e praticamente já não o apoiam desde o início da pandemia. O terceiro é um grupo marcado pelo conservadorismo moral e ideológico. Esse é o grupo com o qual o capitão e os filhos realmente se alinham e no qual perderam pouco apoio ao longo de 2020. Faz parte desse segmento o "olavismo", um movimento tipicamente tupiniquim que questiona a ciência e acredita em fantasma comunista. O seu chefe mora no estado da Virgínia cercado de cães e armas, e dali exala um anticomunismo ilusório na tentativa de implementar uma ditadura real. Associa-se a esse grupo um neopentecostalismo televisivo baseado na teologia da prosperidade e em uma ideia de demonização da política. Esse agrupamento apoia o bolsonarismo a qualquer custo, desde que ele garanta privilégios tributários e televisivos para as igrejas.

Ainda assim, desfechos radicais parecem improváveis. Jair Bolsonaro conseguiu, ao final do primeiro ano, estabilizar seu apoio um pouco acima dos 30%. Em abril e maio de 2020, assistimos a dois novos fenômenos: a queda do apoio ao governo em setores da classe média, levando sua aprovação a 30%, segundo o Datafolha, ou a pouco mais de 20%, segundo outros institutos de pesquisa.* Mas um segundo fenômeno parece

* Durante a pandemia mudou-se fortemente a forma de se fazer pesquisa no Brasil e não temos total segurança em relação aos resultados. Pesquisas de opinião pública são feitas utilizando a metodologia de amostra por cotas, na qual gênero, renda, raça e educação balizam a aferição da opinião. Com a pandemia do coronavírus as pesquisas migraram para o telefone ou para a internet, algumas via redes sociais. Isso implica problemas metodológicos porque a cobertura de internet no Brasil ainda não é de 100% e existem muitos problemas de acesso a telefonia celular nas regiões Norte e Nordeste e na zona rural.

mais relevante: a aprovação de Jair Bolsonaro cai nos setores que consideram o seu governo regular. Ele agora é avaliado como ótimo e bom por 30% da população e como ruim ou péssimo por 43% dos brasileiros, com redução daqueles que optam pelo regular. Assim, o presidente deixou de ter maioria entre os brasileiros que acreditam que ele ainda é capaz de liderar o país. Porém, como metade da população quer sua renúncia e a outra metade não a quer, há de fato uma polarização, com o presidente ocupando o polo minoritário de apoio por parte da opinião pública.

A avaliação dos brasileiros sobre o STF e o Congresso, as instituições mais atacadas pelo presidente, melhorou significativamente ao longo dos últimos meses. O STF, cujo desempenho era considerado ruim ou péssimo por 39% da população em dezembro de 2019, passou a ter desempenho positivo, recebendo 30% de ótimo ou bom e 40% de regular. Até mesmo em relação ao Congresso Nacional, fortemente desgastado, houve mudança: a avaliação como regular saiu de 32% em dezembro e chegou a 47% nos dias 25 e 26 de maio. A tese do equilíbrio defendida neste livro se expressa na opinião pública da seguinte forma: aumenta a rejeição ao governo Bolsonaro, que, no entanto, *mantém índices de aprovação similares aos que ele tinha em dezembro.* Em paralelo, *aumenta a aprovação do STF e diminui da rejeição ao Congresso.* Esse retrato expressa bem a situação de equilíbrio político neste momento.

Estamos diante de um equilíbrio precário que pode gerar duas saídas diferentes. Uma primeira é a saída cesarista pela via militar, na qual o presidente apostava discretamente até o início do ano e passou a apostar abertamente a partir de abril de 2020. Uma segunda saída, democrática, se daria ou com o afastamento do presidente ou com perdas significativas de prerrogativas. Uma boa definição de cesarismo, encontrada no *Dicionário de política* de Norberto Bobbio, caracteriza o conceito como "um poder forte que [sabe] desvincular-se dos interesses dos grupos e dos indivíduos e aliar-se estreitamente ao Exército". O cesarismo é uma opção entre a democracia e a ditadura. O governo Bolsonaro não é exatamente isso, uma vez que não sabe desvincular-se de grupos de interesse, como ficou claro na fala do ministro Ricardo Salles em relação à Amazônia na reunião ministerial. Mas a tentativa de valer-se do Exército para intimidar o sistema político é uma característica do bolsonarismo nesta crise, à medida que importantes setores de classe média já o abandonaram e não parece que irão voltar.

Mas em soluções cesaristas clássicas, como o bonapartismo na França, existe um carisma político que se estende às Forças Armadas. Há dúvida se o carisma do capitão frente ao baixo clero das redes sociais se associa a uma efetiva liderança militar. Bolsonaro não a tem, e parece que os generais mais próximos a ele também não. O maior problema das Forças Armadas para aderir ao bolsonarismo é que os níveis de irresponsabilidade do presidente não geram perspectiva de estabilização da crise sanitária. Os próprios militares mostraram resistência em assumir o Ministério da Saúde depois da saída de Teich. O envolvimento das Forças Armadas pode ser uma fonte de desprestígio sem igual, pelo menos desde o fim do regime militar. Ainda mais básico, em caso de impeachment, as Forças Armadas estariam na presidência com Hamilton Mourão, um general que as representa melhor do que o capitão e aponta para níveis mais elevados de responsabilidade e estabilidade. Uma operação contra o governador do Rio de Janeiro, no dia 26 de maio de 2020, acentuou os elementos cesaristas da conjuntura. A rapidez da operação, imediatamente elogiada pelo presidente, permite a suposição de motivação política. Passamos a ter uma perigosa variante no cesarismo, na qual capacidade de coerção militar se associa à utilização política do poder de polícia. Essa é uma vertente perigosíssima e terá de ser contida pelo STF e pelo conjunto das instituições políticas, pois aponta de fato para o fim da democracia.

Outra saída do impasse seria a remoção do presidente. No início da crise, houve a perspectiva de uma remoção pela via do enfrentamento com a Câmara e o Senado. Bolsonaro foi derrotado pelo Legislativo em questões centrais durante a pandemia, como o valor do auxílio emergencial e o valor das compensações econômicas a estados e municípios. Mas, apesar do enfraquecimento do presidente no Congresso, ele não parece correr riscos imediatos ali. Ao longo do mês de abril, Bolsonaro conseguiu o apoio de líderes históricos do centrão, como Ciro Nogueira, Valdemar da Costa Neto e Gilberto Kassab. Esse apoio, contudo, é frágil. Esses parlamentares também apoiaram Dilma Rousseff durante o seu processo de impeachment. No caso de a proposta prosperar, não parece plausível que esses setores venham a estabilizar o governo.

A via que aparece como a mais promissora é a que coloca o Supremo Tribunal Federal em enfrentamento aberto com o bolsonarismo e transfere a disputa para o campo criminal. O STF permaneceu à sombra durante o primeiro ano de governo Bolsonaro, apesar de bolsonaristas, em diversos momentos, terem atacado diretamente a instituição. O começo da pandemia coincidiu com o conflito em torno do orçamento entre a Câmara e o Senado, de um lado, e o governo Bolsonaro, de outro. A manifestação de 15 de março, primeira ocasião em que o presidente desrespeitou abertamente as regras da quarentena, foi convocada contra a Câmara, ainda que o STF tenha sido mencionado. O fim de semana da demissão de Mandetta também foi de forte tensão com a Câmara, em especial com Rodrigo Maia. No entanto, desde a saída de Sérgio Moro, o enfrentamento central do governo Bolsonaro se dá com o STF. Esse conflito é marcado por três ações judiciais: uma de investigação de fake news aberta em 2019 e que se aproxima de seus filhos; um mandado de segurança que interpela o presidente da Câmara acerca dos pedidos de impeachment parados em sua mesa; e um terceiro processo, que decorre diretamente da demissão de Sérgio Moro. Todos os três processos colocam o bolsonarismo em risco. No caso do inquérito acerca das fake news, o ministro Alexandre de Moraes autorizou, em 27 de maio, o cumprimento pela Polícia Federal de uma série de mandados relativos ao processo. A operação atingiu o coração da rede bolsonarista: ela fechou perfis de Facebook e contas de Twitter que, somadas, atingiam cerca de 19 milhões de seguidores. Ela também colocou em risco apoiadores importantes do presidente, como o ex-deputado Roberto Jefferson e o chefe de gabinete do deputado estadual Douglas Garcia, do PSL. A investigação se aproximou perigosamente de um dos filhos do presidente, tornando a família vulnerável a mais um inquérito policial. É esta vulnerabilidade que pode selar o destino do bolsonarismo. Aberto pelo Supremo Tribunal Federal a pedido da Procuradoria-Geral da República, esse processo gerou a oitiva de Sérgio Moro para apurar se houve intenção do presidente de intervir na Polícia Federal. Esse processo tem potencial para colocar fim à aventura infeliz que o bolsonarismo representa, pois reúne três atores decisivos — a Procuradoria-Geral da República, o STF e a Câmara dos Deputados.

Bolsonaro indicou um procurador-geral da República capaz de blindá-lo de processos políticos. O procurador-geral Augusto Aras correspondeu no início da pandemia às expectativas do presidente, apoiando-o no conflito com o ex-ministro Mandetta. O pedido de abertura de inquérito no Supremo sugere uma mudança de posição. No STF, o processo caiu com o decano Celso de Mello. O ministro tem horror às concepções de Bolsonaro, já rejeitadas por ele de forma aberta: no domingo, dia 31 de maio, ele comparou as táticas antidemocráticas do presidente à maneira como o nazismo destruiu as instituições democráticas na Alemanha. Mello deixará o tribunal em novembro, de modo que não necessita fazer política de articulação com os demais membros. A rapidez com que determinou a oitiva de Sérgio Moro está relacionada, provavelmente, a uma tentativa de ele mesmo propor à corte uma decisão nesse inquérito criminal. Assim, ao possível reposicionamento do procurador-geral, soma-se a radicalização do decano do Tribunal. Acredito, contudo, que sem o Congresso Nacional — em especial, a Câmara — e sem a presença das forças democráticas nas ruas, nenhum impedimento do presidente irá ocorrer. Ou as instituições assumem o protagonismo de um processo de restauração democrática, ou existe de fato a chance de um impasse radical ou mesmo de uma solução cesarista.

O último domingo do mês de maio apontou para o fortalecimento das forças democráticas. De um lado, torcidas organizadas de diversas equipes de futebol ocuparam as ruas em São Paulo, Rio de Janeiro e Belo Horizonte. A reocupação do espaço público de protesto pelo campo democrático foi positiva e coincidiu com um retrocesso das manifestações convocadas pelo presidente, que vinham diminuindo em número de participantes havia algumas semanas. Não foi à toa que Bolsonaro, com seu americanismo tosco, classificou as manifestações como terrorismo.* O resultado das manifestações foi positivo porque aponta na ampliação de espaços de tolerância. O fato de torcidas de diferentes equipes de futebol, uma das arenas nas quais a intolerância se expressa abertamente, terem se associado tem um enorme peso simbólico na sociedade

* No mesmo fim de semana das manifestações das torcidas de futebol no Brasil, os Estados Unidos foram abalados por fortes manifestações em mais de setenta cidades que terminaram em quebra-quebras em diversas delas, em especial na cidade de Mineápolis, na qual um policial assassinou um homem negro impedindo-o de respirar por mais de sete minutos ao posicionar o joelho sobre o seu pescoço. O presidente dos Estados Unidos, Donald Trump, qualificou estes atos como terrorismo doméstico e foi imediatamente criticado pelo governador do estado de Nova York, pela presidente do Congresso e por diversos parlamentares do seu próprio partido. A desproporção entre os atos que cada um dos presidentes classificou com o terrorismo pode ser atribuída ao americanismo tosco do presidente brasileiro, que, nesse caso, foi acompanhado pelo seu vice.

brasileira. Ao mesmo tempo, espalharam-se pelo país manifestos a favor da união das forças democráticas, tais como o "Estamos Juntos", que alcançou 224 mil assinaturas na primeira semana; o manifesto da campanha "Somos 70%", e, por fim, o "Basta". Todos expressam tentativa de reunir um campo democrático amplo. Ainda que haja polêmicas sobre quem entra nesse campo, o espírito de uma ampla reconciliação do campo democrático está de fato lançado e deve prevalecer.

A degradação democrática no Brasil iniciou-se com um esfacelamento entre o centro e as forças de esquerda, seguida por uma enorme subestimação dos elementos antidemocráticos do bolsonarismo. O ataque do bolsonarismo contra o Judiciário, instituições da sociedade civil e órgãos de imprensa parece finalmente ter tido a capacidade de reconstituir as pontes entre o centro e a esquerda. Assim, chegamos aos dezoito meses do governo do capitão reformado com uma reorganização ampla, ainda que tardia, do campo democrático.

As Forças Armadas não dizem abertamente como reagiriam a um processo que removesse o presidente pelos seus crimes. Aparentemente, o Exército e generais importantes tentam se desvencilhar de Bolsonaro, ainda que os sinais sejam contraditórios. Há risco de comportamento antidemocrático por parte do vice, caso assuma a presidência. Seu artigo no *Estado de S. Paulo* alguns dias depois das manifestações de rua, chamando os manifestantes de "baderneiros ligados a movimentos extremistas internacionais" não o habilita a uma posição conciliadora e sim a uma resposta centralizadora baseada na lei e na ordem, mas ainda assim menos radical do que a do capitão presidente.

No caso de uma saída judicial/política, seria preciso que o STF aprendesse com os próprios erros. Decisões monocráticas devem ser evitadas e a composição entre a Corte Suprema e o Congresso Nacional, garantida. Seria positivo que a colaboração se estabelecesse dentro do STF, com o aumento de decisões colegiadas. Este processo já se iniciou. A via produtiva é aquela que associa instituições, cobra do presidente respeito à legalidade e o julga com base na lei. Estou absolutamente convencido de que Bolsonaro não resiste a essa via. Ele jamais se pautou pelo respeito à lei e às instituições. Ele se comportou como chefe de um clã acima do bem e do mal, acostumado a cometer pequenos crimes e a zombar daqueles que respeitam a lei. Bolsonaro trouxe ao país ódio, desequilíbrio e as práticas obscuras do clã miliciano que ele ajudou a criar no Rio de Janeiro. Cabe ao Congresso, ao STF e à Procuradoria-Geral da República colocar fim a esse pesadelo político, que adquiriu expressão real no vídeo da reunião ministerial do dia 22 de abril. A reunião sugere um país à deriva, no meio de uma pandemia com a qual o presidente e seus ministros não parecem preocupados. Pelo contrário, cada um expressa vontade de avançar outras agendas — antiambiental, antifuncionário público, ou de privatização do Banco do Brasil, além da agenda maior de armar a população.

Max Weber, o grande sociólogo alemão, dizia que em época de crise profunda os líderes políticos precisam mostrar três qualidades: paixão, responsabilidade e proporção. Não falta paixão à reação de Bolsonaro à crise. Aliás, paixão é uma das características do comportamento do capitão rebelde. Só que o tipo de paixão com a qual o presidente se envolve nas questões é a paixão da lógica amigo *versus* inimigo, da destruição do outro. Foi essa paixão que motivou as saídas às ruas, a presença nas manifestações públicas e a demissão dos dois ministros, da Saúde e da Justiça. Ainda assim, foi a paixão contra determinadas causas que tornou Bolsonaro forte, a paixão em decretar inimigos e tornar a luta contra eles uma questão de vida ou morte. Ou, na crise do coronavírus, uma questão apenas de morte. No entanto, se sobra paixão na forma de ação do bolsonarismo, faltam responsabilidade e proporção.

A questão de uma ética da responsabilidade na política, capaz de dotar de equilíbrio a busca de determinados fins, está sempre colocada, mas ela é mais relevante em momentos de crise. No caso da crise do coronavírus, a irresponsabilidade do presidente foi aguda e não foi apenas política. Ela colocou em risco a vida de pessoas. Ao viajar para os Estados Unidos, ao conviver com sua comitiva contaminada e passear por Brasília se recusando a dizer se era soropositivo, Bolsonaro estabeleceu um padrão de irresponsabilidade não apenas em relação ao ato de governar mas em relação à saúde da população. O mesmo é verdadeiro em relação ao uso da cloroquina. Esse medicamento, amplamente utilizado no combate à malária, pode numa eventualidade ser eficaz em relação ao coronavírus, mas uma série de etapas anteriores é necessária para estabelecer sua utilização clínica. A maneira como o presidente defende o seu uso é um composto de senso comum e irresponsabilidade. Pessoas morreram ao ingerir cloroquina no Brasil, e o presidente não pode se eximir deste ato de irresponsabilidade.

A tensão entre paixão e irresponsabilidade compromete o terceiro elemento, o equilíbrio. Este é um momento de vulnerabilidade da população, a mesma que elegeu um presidente sabidamente desequilibrado. A aceitação da falta de equilíbrio de Bolsonaro foi viabilizada por uma concepção de antipolítica que se difundiu no país, segundo a qual quanto menos político o presidente fosse, melhor ele exerceria o governo. Bolsonaro é fiel a essa concepção que o elegeu. Mas a vulnerabilidade da população frente ao coronavírus faz retomar a noção de política e com ela as noções de equilíbrio e proporção. A possibilidade de que Jair Bolsonaro deixe de ser presidente se assenta não no equívoco da sua posição em relação ao coronavírus, mas na incapacidade de defender suas posições com equilíbrio e responsabilidade, uma vez que a antipolítica o impediu de perceber as novas regras do jogo. É verdade que esse par de virtudes sempre faltou ao presidente. Ao defender a tortura, ao ofender a esposa do presidente da França, ao atacar a memória de intelectuais mortos e ao desrespeitar jornalistas com insinuações sexuais, Bolsonaro havia muito já tinha cruzado o rubicão do equilíbrio. Entretanto, o coronavírus, ao reabilitar a política, reabilitou a ideia de uma condição humana comum, frágil e que enseja ações conjuntas. Como o bolsonarismo não opera sem a noção de inimigo, terá de deixar o papel de governar aos que entendem as noções de vulnerabilidade, cuidado e equilíbrio e que passam a ocupar novamente o centro da política.

Referências bibliográficas

Livros e artigos

ABRANCHES, Sergio. "Presidencialismo de coalizão: O dilema institucional brasileiro". *Revista de Ciências Sociais*, Rio de Janeiro, IUPERJ, v. 31, n. 1, pp. 3-55, 1988.

ARENDT, Hannah. *As origens do totalitarismo*. São Paulo: Companhia de Bolso, 2013.

BOBBIO, Norberto; MATTEUCCI, Nicola; PASQUINO, Gianfranco. *Dicionário de política*. Brasília: Editora Universidade de Brasília, 1998.

CAMPOS, Pedro Henrique Pedreira. *A ditadura dos empreiteiros: As empresas nacionais da construção pesada, suas formas associativas e o Estado ditatorial, 1964-1985*. São Paulo: Instituto de Ciências Humanas e Filosofia, Departamento de História-UFF, 2012. Tese (Doutorado em História).

CARVALHO, Jose Murilo de. *Cidadania no Brasil: O longo caminho*. 25. ed. Rio de Janeiro: Civilização Brasileira, 2019.

CDL-BH; Quaest. *Pesquisa de Opinião Pública: Percepções da população sobre a pandemia de Covid-19*. Relatório, mar. 2020.

ESCOREL, Sarah Maria et al. *Avaliação da implementação do Programa Saúde da Família em dez grandes centros urbanos: Síntese dos principais resultados*. Série C. Projetos, Programas e Relatórios. Brasília: Ministério da Saúde, 2002.

FORJAZ, Maria Cecília Spina. "A organização burocrática do Exército na exclusão do tenentismo". *Revista de Administração de Empresas*, São Paulo, v. 23, n. 2, jun. 1983, pp. 5-15. Disponível em: <http://www.scielo.br/scielo.php?script=sci_arttext&pid=S0034-75901983000200001&lng=en&nrm=iso>. Acesso em: 6 jun. 2020.

GASPARI, Elio. *A ditadura envergonhada*. São Paulo: Companhia das Letras, 2002.

GRAMSCI, Antonio. *Cadernos do cárcere v. III: Maquiavel: Notas sobre o Estado e a política*. 3. ed. Rio de Janeiro: Civilização Brasileira, 2007.

MILWARD, Julianne Alvim. "Estudo da trajetória do Sistema de Proteção Social Brasileiro até a abertura democrática". XXXIII Encontro da Anpad, São Paulo, 2009. Resumo dos Trabalhos XXXIII EnAnpad, 2009.

MÜLLER, Ingo. *Hitler's Justice: The Courts of the Third Reich Paperback*. Boston: Harvard University Press, 1992.

PASSOS, Anaís Medeiros. "Guerra al crimen organizado? Favela y intervención militar en Brasil". In: SAMPÓ, Carolina; ALDA, Sonia (Orgs.). *La transformación de las Fuerzas Armadas en América Latina ante el crimen organizado*. Lima: Centro de estudios estratégicos del Ejército del Perú, 2019. Disponível em: <http://www.realinstitutoelcano.org/wps/wcm/connect/73d4b827-9e67-43d7-a9ec-b0a3a5823e41/Transformacion-Fuerzas-Armadas-America-Latina-crimen-organizado.pdf?MOD=AJPERES&CACHEID=73d4b827-9e67-43d7-a9ec-b0a3a5823e41>. Acesso em: 10 jun. 2020.

RIBEIRO, Ednaldo; CARREIRÃO, Yan; BORBA, Julian. "Sentimentos partidários e antipetismo: Condicionantes e covariantes". *Opinião Pública*, Campinas, v. 22, n. 3, dez. 2016. Disponível em: <https://www.scielo.br/pdf/op/v22n3/1807-0191-op-22-3-0603.pdf>. Acesso em: 6 jun. 2020.

SILVA, Claudio Alves da. "As Operações de Garantia da Lei e da Ordem no contexto do Direito Operacional Militar". *JusBrasil*, 26 maio 2017. Disponível em: <https://calaudyo.jusbrasil.com.br/artigos/462962576/as-operacoes-de-garantia-da-lei-e-da-ordem-no-contexto-do-direito-operacional-militar>. Acesso em: 10 jun. 2020.

Notícias de periódicos

AGÊNCIA O GLOBO. "Nada contra civis, diz Bolsonaro sobre Planalto só com ministros militares". *Exame*, 13 fev. 2020. Disponível em: <https://exame.abril.com.br/brasil/nada-contra-civis-diz-bolsonaro-sobre-planalto-so-com-ministros-militares/>. Acesso em: 6 jun. 2020.

ALENCASTRO, Catarina; JUNGBLUT, Cristiane. "Maia pede a Temer ajuda da Força Nacional para conter protestos". *O Globo*, Rio de Janeiro, 24 maio 2017. Disponível em: <https://oglobo.globo.com/brasil/maia-pede-temer-ajuda-da-forca-nacional-para-conter-protestos-21388148>. Acesso em: 6 jun. 2020.

COLON, Leandro. "Com patrimônio multiplicado, Bolsonaro já declarou que sonegaria o 'possível'". *Folha de S.Paulo*, São Paulo, 19 jan. 2018. Disponível em: <https://www1.folha.uol.com.br/colunas/leandrocolon/2018/01/1948754-com-patrimonio-multiplicado-bolsonaro-ja-declarou-que-sonegaria-o-possivel.shtml>. Acesso em 6 jun. 2020.

CONSELHO NACIONAL DE SECRETÁRIOS DE SAÚDE. "Luiz Henrique Mandetta (entrevista)". Consensus Entrevista, 30. ed., jan.-mar. 2019. Disponível em: <http://www.conass.org.br/consensus/luiz-henrique-mandetta/>. Acesso em: 6 jun. 2020.

GOMES, Bianca. "Pela primeira vez desde setembro de 2017, Bolsonaro perde seguidores nas redes sociais". *O Estado de S. Paulo*, São Paulo, 25 abr. 2020. Disponível em: <https://politica.estadao.com.br/noticias/geral,pela-primeira-vez-desde-setembro-de-2017-bolsonaro-perde-seguidores-nas-redes-sociais,70003282448>. Acesso em: 6 jun. 2020.

KONCHINSKI, Vinicius. "Não é só Moro: mais 18 nomes ligados à Lava Jato estão no governo Bolsonaro". Uol, 16 jun. 2020. Disponível em: <https://noticias.uol.com.br/politica/ultimas-noticias/2019/06/16/nao-e-so-moro-outros-18-ligados-a-lava-jato-estao-no-governo-bolsonaro.htm?cmpid=copiaecola>. Acesso em: 6 jun. 2020.

MARIZ, Renata. "Cortes no MEC afetam educação básica anunciada como prioridade por Bolsonaro". *O Globo*, Rio de Janeiro, 6 maio 2019. Disponível em: <https://oglobo.globo.com/sociedade/cortes-no-mec-afetam-educacao-basica-anunciada-como-prioridade-por-bolsonaro-23646433>. Acesso em: 6 jun. 2020.

MÁXIMO, Wellton. "Guedes: governo está preparado para retirada de BPC da reforma". Agência Brasil, Brasília, 3 abr. 2019. Disponível em: <https://agenciabrasil.ebc.com.br/politica/noticia/2019-04/guedes-governo-esta-preparado-para-retirada-de-bpc-da-reforma>. Acesso em 6 jun. 2020.

R7. "O que é a Garantia da Lei e da Ordem?", R7, 24 maio 2017. Disponível em: <https://noticias.r7.com/brasil/o-que-e-a-garantia-da-lei-e-da-ordem-19052019>. Acesso em: 6 jun. 2020.

Sobre o autor

Leonardo Avritzer é professor titular de ciência política na Universidade Federal de Minas Gerais. Pela Todavia, publicou *O pêndulo da democracia* (2019). Também é autor de *Impasses da democracia no Brasil* (Civilização Brasileira), entre outros livros.

Grafia atualizada segundo o Acordo Ortográfico da Língua Portuguesa de 1990, que entrou em vigor no Brasil em 2009.

capa
Todavia
composição
Manu Vasconcelos
revisão
Huendel Viana

Dados Internacionais de Catalogação na Publicação (CIP)

— —

Avritzer, Leonardo (1959-)
Política e antipolítica: A crise do governo Bolsonaro: Leonardo Avritzer
São Paulo: Todavia, 1ª ed., 2020
64 páginas

ISBN 978-65-5692-012-2

1. Situação política no Brasil 2. Crise política
3. Ciência política I. Título

CDD 320.981

— —

Índice para catálogo sistemático:
1. Situação política no Brasil 320.981

todavia
Rua Luís Anhaia, 44
05433.020 São Paulo SP
T. 55 11 3094 0500
www.todavialivros.com.br

fonte
Register*
papel
Pólen soft 80 g/m²
impressão
Meta Brasil